THIS BOOK BELONGS TO:

_____

_____

_____

_____

Salt Water Tank Record

Date: _____ / _____ / _____

Temperature:	% Water change:
pH levels:	Ammonia levels:
Nitrite levels:	Nitrate levels:
Alkalinity levels:	Salinity levels:
Phosphate levels:	Added water conditioner: Yes / No

Light Schedule	Feeding Schedule
ON _ _ _ _ _ _ _ _ AM|PM	☐ _ _ _ _ _ _ _ _ AM
OFF _ _ _ _ _ _ _ _ AM|PM	☐ _ _ _ _ _ _ _ _ PM

Dosing		Other Tests	
Supplement	Quantity		

Observation Notes:

Salt Water Tank Record

Date: _____ / _____ / _____

Temperature:	% Water change:
pH levels:	Ammonia levels:
Nitrite levels:	Nitrate levels:
Alkalinity levels:	Salinity levels:
Phosphate levels:	Added water conditioner: Yes / No

Light Schedule	Feeding Schedule
ON _ _ _ _ _ _ _ _ AM|PM	☐ _ _ _ _ _ _ _ _ AM
OFF _ _ _ _ _ _ _ _ AM|PM	☐ _ _ _ _ _ _ _ _ PM

Dosing		Other Tests
Supplement	Quantity	

Observation Notes:

Salt Water Tank Record

Date: _____ / _____ / _____

Temperature:	% Water change:
pH levels:	Ammonia levels:
Nitrite levels:	Nitrate levels:
Alkalinity levels:	Salinity levels:
Phosphate levels:	Added water conditioner: Yes / No

Light Schedule	Feeding Schedule
ON _ _ _ _ _ _ _ _ AM|PM	☐ _ _ _ _ _ _ _ _ AM
OFF _ _ _ _ _ _ _ _ AM|PM	☐ _ _ _ _ _ _ _ _ PM

Dosing		Other Tests	
Supplement	Quantity		

Observation Notes:

Salt Water Tank Record

Date: _____ / _____ / _____

Temperature:	% Water change:
pH levels:	Ammonia levels:
Nitrite levels:	Nitrate levels:
Alkalinity levels:	Salinity levels:
Phosphate levels:	Added water conditioner: Yes / No

Light Schedule	Feeding Schedule
ON _ _ _ _ _ _ _ _ AM|PM	☐ _ _ _ _ _ _ _ _ AM
OFF _ _ _ _ _ _ _ _ AM|PM	☐ _ _ _ _ _ _ _ _ PM

Dosing		Other Tests
Supplement	Quantity	

Observation Notes:

Salt Water Tank Record

Date: _____ / _____ / _____

Temperature:	% Water change:
pH levels:	Ammonia levels:
Nitrite levels:	Nitrate levels:
Alkalinity levels:	Salinity levels:
Phosphate levels:	Added water conditioner: Yes / No

Light Schedule	Feeding Schedule
ON _ _ _ _ _ _ _ _ AM|PM	☐ _ _ _ _ _ _ _ _ AM
OFF _ _ _ _ _ _ _ _ AM|PM	☐ _ _ _ _ _ _ _ _ PM

Dosing		Other Tests	
Supplement	Quantity		

Observation Notes:

Salt Water Tank Record

Date: _____ / _____ / _____

Temperature:	% Water change:
pH levels:	Ammonia levels:
Nitrite levels:	Nitrate levels:
Alkalinity levels:	Salinity levels:
Phosphate levels:	Added water conditioner: Yes / No

Light Schedule	Feeding Schedule
ON _ _ _ _ _ _ _ _ AM|PM	☐ _ _ _ _ _ _ _ _ AM
OFF _ _ _ _ _ _ _ _ AM|PM	☐ _ _ _ _ _ _ _ _ PM

Dosing		Other Tests	
Supplement	Quantity		

Observation Notes:

Salt Water Tank Record

Date: _____ / _____ / _____

Temperature:	% Water change:
pH levels:	Ammonia levels:
Nitrite levels:	Nitrate levels:
Alkalinity levels:	Salinity levels:
Phosphate levels:	Added water conditioner: Yes / No

Light Schedule	Feeding Schedule
ON _ _ _ _ _ _ _ _ AM|PM	☐ _ _ _ _ _ _ _ _ AM
OFF _ _ _ _ _ _ _ _ AM|PM	☐ _ _ _ _ _ _ _ _ PM

Dosing		Other Tests	
Supplement	Quantity		

Observation Notes:

Salt Water Tank Record

Date: _____ / _____ / _____

Temperature:	% Water change:
pH levels:	Ammonia levels:
Nitrite levels:	Nitrate levels:
Alkalinity levels:	Salinity levels:
Phosphate levels:	Added water conditioner: Yes / No

Light Schedule	Feeding Schedule
ON _ _ _ _ _ _ _ _ AM|PM	☐ _ _ _ _ _ _ _ _ AM
OFF _ _ _ _ _ _ _ _ AM|PM	☐ _ _ _ _ _ _ _ _ PM

Dosing		Other Tests	
Supplement	Quantity		

Observation Notes:

Salt Water Tank Record

Date: _____ / _____ / _____

Temperature:	% Water change:
pH levels:	Ammonia levels:
Nitrite levels:	Nitrate levels:
Alkalinity levels:	Salinity levels:
Phosphate levels:	Added water conditioner: Yes / No

Light Schedule	Feeding Schedule
ON _ _ _ _ _ _ _ _ AM|PM	☐ _ _ _ _ _ _ _ _ AM
OFF _ _ _ _ _ _ _ _ AM|PM	☐ _ _ _ _ _ _ _ _ PM

Dosing		Other Tests	
Supplement	Quantity		

Observation Notes:

Salt Water Tank Record

Date: _____ / _____ / _____

Temperature:	% Water change:
pH levels:	Ammonia levels:
Nitrite levels:	Nitrate levels:
Alkalinity levels:	Salinity levels:
Phosphate levels:	Added water conditioner: Yes / No

Light Schedule	Feeding Schedule
ON _ _ _ _ _ _ _ _ AM|PM	☐ _ _ _ _ _ _ _ _ AM
OFF _ _ _ _ _ _ _ _ AM|PM	☐ _ _ _ _ _ _ _ _ PM

Dosing		Other Tests	
Supplement	Quantity		

Observation Notes:

Salt Water Tank Record

Date: _____ / _____ / _____

Temperature:	% Water change:
pH levels:	Ammonia levels:
Nitrite levels:	Nitrate levels:
Alkalinity levels:	Salinity levels:
Phosphate levels:	Added water conditioner: Yes / No

Light Schedule	Feeding Schedule
ON _____ AM|PM	☐ _____ AM
OFF _____ AM|PM	☐ _____ PM

Dosing		Other Tests	
Supplement	Quantity		

Observation Notes:

Salt Water Tank Record

Date: _____ / _____ / _____

Temperature:	% Water change:
pH levels:	Ammonia levels:
Nitrite levels:	Nitrate levels:
Alkalinity levels:	Salinity levels:
Phosphate levels:	Added water conditioner: Yes / No

Light Schedule	Feeding Schedule
ON _ _ _ _ _ _ _ _ AM|PM	☐ _ _ _ _ _ _ _ _ AM
OFF _ _ _ _ _ _ _ _ AM|PM	☐ _ _ _ _ _ _ _ _ PM

Dosing	
Supplement	Quantity

Other Tests	

Observation Notes:

Salt Water Tank Record

Date: _____ / _____ / _____

Temperature:	% Water change:
pH levels:	Ammonia levels:
Nitrite levels:	Nitrate levels:
Alkalinity levels:	Salinity levels:
Phosphate levels:	Added water conditioner: Yes / No

Light Schedule	Feeding Schedule
ON _ _ _ _ _ _ _ _ AM|PM	☐ _ _ _ _ _ _ _ _ AM
OFF _ _ _ _ _ _ _ _ AM|PM	☐ _ _ _ _ _ _ _ _ PM

Dosing		Other Tests	
Supplement	Quantity		

Observation Notes:

Salt Water Tank Record

Date: _____ / _____ / _____

Temperature:	% Water change:
pH levels:	Ammonia levels:
Nitrite levels:	Nitrate levels:
Alkalinity levels:	Salinity levels:
Phosphate levels:	Added water conditioner: Yes / No

Light Schedule	Feeding Schedule
ON _ _ _ _ _ _ _ _ AM|PM	☐ _ _ _ _ _ _ _ _ AM
OFF _ _ _ _ _ _ _ _ AM|PM	☐ _ _ _ _ _ _ _ _ PM

Dosing		Other Tests	
Supplement	Quantity		

Observation Notes:

Salt Water Tank Record

Date: _____ / _____ / _____

Temperature:	% Water change:
pH levels:	Ammonia levels:
Nitrite levels:	Nitrate levels:
Alkalinity levels:	Salinity levels:
Phosphate levels:	Added water conditioner: Yes / No

Light Schedule	Feeding Schedule
ON _ _ _ _ _ _ _ _ AM|PM	☐ _ _ _ _ _ _ _ _ AM
OFF _ _ _ _ _ _ _ _ AM|PM	☐ _ _ _ _ _ _ _ _ PM

Dosing		Other Tests	
Supplement	Quantity		

Observation Notes:

Salt Water Tank Record

Date: _____ / _____ / _____

Temperature:	% Water change:
pH levels:	Ammonia levels:
Nitrite levels:	Nitrate levels:
Alkalinity levels:	Salinity levels:
Phosphate levels:	Added water conditioner: Yes / No

Light Schedule	Feeding Schedule
ON _ _ _ _ _ _ _ _ AM|PM	☐ _ _ _ _ _ _ _ _ AM
OFF _ _ _ _ _ _ _ _ AM|PM	☐ _ _ _ _ _ _ _ _ PM

Dosing		Other Tests	
Supplement	Quantity		

Observation Notes:

Salt Water Tank Record

Date: _____ / _____ / _____

Temperature:	% Water change:
pH levels:	Ammonia levels:
Nitrite levels:	Nitrate levels:
Alkalinity levels:	Salinity levels:
Phosphate levels:	Added water conditioner: Yes / No

Light Schedule	Feeding Schedule
ON _ _ _ _ _ _ _ _ AM|PM	☐ _ _ _ _ _ _ _ _ AM
OFF_ _ _ _ _ _ _ _ AM|PM	☐ _ _ _ _ _ _ _ _ PM

Dosing		Other Tests	
Supplement	Quantity		

Observation Notes:

Salt Water Tank Record

Date: _____ /_____ /_____

Temperature:	% Water change:
pH levels:	Ammonia levels:
Nitrite levels:	Nitrate levels:
Alkalinity levels:	Salinity levels:
Phosphate levels:	Added water conditioner: Yes / No

Light Schedule	Feeding Schedule
ON _ _ _ _ _ _ _ _ AM|PM	☐ _ _ _ _ _ _ _ _ AM
OFF _ _ _ _ _ _ _ _ AM|PM	☐ _ _ _ _ _ _ _ _ PM

Dosing		Other Tests	
Supplement	Quantity		

Observation Notes:

Salt Water Tank Record

Date: _____ / _____ / _____

Temperature:	% Water change:
pH levels:	Ammonia levels:
Nitrite levels:	Nitrate levels:
Alkalinity levels:	Salinity levels:
Phosphate levels:	Added water conditioner: Yes / No

Light Schedule	Feeding Schedule
ON _ _ _ _ _ _ _ _ AM|PM	☐ _ _ _ _ _ _ _ _ AM
OFF _ _ _ _ _ _ _ _ AM|PM	☐ _ _ _ _ _ _ _ _ PM

Dosing		Other Tests	
Supplement	Quantity		

Observation Notes:

Salt Water Tank Record

Date: _____ / _____ / _____

Temperature:	% Water change:
pH levels:	Ammonia levels:
Nitrite levels:	Nitrate levels:
Alkalinity levels:	Salinity levels:
Phosphate levels:	Added water conditioner: Yes / No

Light Schedule	Feeding Schedule
ON _ _ _ _ _ _ _ _ AM|PM	☐ _ _ _ _ _ _ _ _ AM
OFF _ _ _ _ _ _ _ _ AM|PM	☐ _ _ _ _ _ _ _ _ PM

Dosing		Other Tests	
Supplement	Quantity		

Observation Notes:

Salt Water Tank Record

Date: _____ / _____ / _____

Temperature:	% Water change:
pH levels:	Ammonia levels:
Nitrite levels:	Nitrate levels:
Alkalinity levels:	Salinity levels:
Phosphate levels:	Added water conditioner: Yes / No

Light Schedule	Feeding Schedule
ON _ _ _ _ _ _ _ _ AM|PM	☐ _ _ _ _ _ _ _ _ AM
OFF _ _ _ _ _ _ _ _ AM|PM	☐ _ _ _ _ _ _ _ _ PM

Dosing		Other Tests	
Supplement	Quantity		

Observation Notes:

Salt Water Tank Record

Date: _____ / _____ / _____

Temperature:	% Water change:
pH levels:	Ammonia levels:
Nitrite levels:	Nitrate levels:
Alkalinity levels:	Salinity levels:
Phosphate levels:	Added water conditioner: Yes / No

Light Schedule	Feeding Schedule
ON _ _ _ _ _ _ _ _ AM|PM	☐ _ _ _ _ _ _ _ _ AM
OFF _ _ _ _ _ _ _ _ AM|PM	☐ _ _ _ _ _ _ _ _ PM

Dosing		Other Tests	
Supplement	Quantity		

Observation Notes:

Salt Water Tank Record

Date: _____ / _____ / _____

Temperature:	% Water change:
pH levels:	Ammonia levels:
Nitrite levels:	Nitrate levels:
Alkalinity levels:	Salinity levels:
Phosphate levels:	Added water conditioner: Yes / No

Light Schedule	Feeding Schedule
ON _ _ _ _ _ _ _ _ AM|PM	☐ _ _ _ _ _ _ _ _ AM
OFF _ _ _ _ _ _ _ _ AM|PM	☐ _ _ _ _ _ _ _ _ PM

Dosing	
Supplement	Quantity

Other Tests	

Observation Notes:

Salt Water Tank Record

Date: _____ / _____ / _____

Temperature:	% Water change:
pH levels:	Ammonia levels:
Nitrite levels:	Nitrate levels:
Alkalinity levels:	Salinity levels:
Phosphate levels:	Added water conditioner: Yes / No

Light Schedule	Feeding Schedule
ON _ _ _ _ _ _ _ _ AM|PM	☐ _ _ _ _ _ _ _ _ AM
OFF _ _ _ _ _ _ _ _ AM|PM	☐ _ _ _ _ _ _ _ _ PM

Dosing		Other Tests	
Supplement	Quantity		

Observation Notes:

Salt Water Tank Record

Date: _____ / _____ / _____

Temperature:	% Water change:
pH levels:	Ammonia levels:
Nitrite levels:	Nitrate levels:
Alkalinity levels:	Salinity levels:
Phosphate levels:	Added water conditioner: Yes / No

Light Schedule	Feeding Schedule
ON _ _ _ _ _ _ _ _ AM|PM	☐ _ _ _ _ _ _ _ _ AM
OFF _ _ _ _ _ _ _ _ AM|PM	☐ _ _ _ _ _ _ _ _ PM

Dosing		Other Tests	
Supplement	Quantity		

Observation Notes:

Salt Water Tank Record

Date: _____ / _____ / _____

Temperature:	% Water change:
pH levels:	Ammonia levels:
Nitrite levels:	Nitrate levels:
Alkalinity levels:	Salinity levels:
Phosphate levels:	Added water conditioner: Yes / No

Light Schedule	Feeding Schedule
ON _ _ _ _ _ _ _ _ AM|PM	☐ _ _ _ _ _ _ _ _ AM
OFF _ _ _ _ _ _ _ _ AM|PM	☐ _ _ _ _ _ _ _ _ PM

Dosing		Other Tests	
Supplement	Quantity		

Observation Notes:

Salt Water Tank Record

Date: _____ / _____ / _____

Temperature:	% Water change:
pH levels:	Ammonia levels:
Nitrite levels:	Nitrate levels:
Alkalinity levels:	Salinity levels:
Phosphate levels:	Added water conditioner: Yes / No

Light Schedule	Feeding Schedule
ON _ _ _ _ _ _ _ _ AM|PM	☐ _ _ _ _ _ _ _ _ AM
OFF _ _ _ _ _ _ _ _ AM|PM	☐ _ _ _ _ _ _ _ _ PM

Dosing		Other Tests	
Supplement	Quantity		

Observation Notes:

Salt Water Tank Record

Date: _____ / _____ / _____

Temperature:	% Water change:
pH levels:	Ammonia levels:
Nitrite levels:	Nitrate levels:
Alkalinity levels:	Salinity levels:
Phosphate levels:	Added water conditioner: Yes / No

Light Schedule	Feeding Schedule
ON _ _ _ _ _ _ _ _ AM|PM	☐ _ _ _ _ _ _ _ _ AM
OFF _ _ _ _ _ _ _ _ AM|PM	☐ _ _ _ _ _ _ _ _ PM

Dosing		Other Tests	
Supplement	Quantity		

Observation Notes:

Salt Water Tank Record

Date: _____ / _____ / _____

Temperature:	% Water change:
pH levels:	Ammonia levels:
Nitrite levels:	Nitrate levels:
Alkalinity levels:	Salinity levels:
Phosphate levels:	Added water conditioner: Yes / No

Light Schedule	Feeding Schedule
ON _ _ _ _ _ _ _ _ AM|PM	☐ _ _ _ _ _ _ _ _ AM
OFF _ _ _ _ _ _ _ _ AM|PM	☐ _ _ _ _ _ _ _ _ PM

Dosing		Other Tests	
Supplement	Quantity		

Observation Notes:

Salt Water Tank Record

Date: _____ / _____ / _____

Temperature:	% Water change:
pH levels:	Ammonia levels:
Nitrite levels:	Nitrate levels:
Alkalinity levels:	Salinity levels:
Phosphate levels:	Added water conditioner: Yes / No

Light Schedule	Feeding Schedule
ON _ _ _ _ _ _ _ _ AM|PM	☐ _ _ _ _ _ _ _ _ AM
OFF _ _ _ _ _ _ _ _ AM|PM	☐ _ _ _ _ _ _ _ _ PM

Dosing		Other Tests	
Supplement	Quantity		

Observation Notes:

Salt Water Tank Record

Date: _____ / _____ / _____

Temperature:	% Water change:
pH levels:	Ammonia levels:
Nitrite levels:	Nitrate levels:
Alkalinity levels:	Salinity levels:
Phosphate levels:	Added water conditioner: Yes / No

Light Schedule	Feeding Schedule
ON _ _ _ _ _ _ _ _ AM|PM	☐ _ _ _ _ _ _ _ _ AM
OFF _ _ _ _ _ _ _ _ AM|PM	☐ _ _ _ _ _ _ _ _ PM

Dosing		Other Tests	
Supplement	Quantity		

Observation Notes:

Salt Water Tank Record

Date: _____ / _____ / _____

Temperature:	% Water change:
pH levels:	Ammonia levels:
Nitrite levels:	Nitrate levels:
Alkalinity levels:	Salinity levels:
Phosphate levels:	Added water conditioner: Yes / No

Light Schedule	Feeding Schedule
ON _ _ _ _ _ _ _ _ AM|PM	☐ _ _ _ _ _ _ _ _ AM
OFF _ _ _ _ _ _ _ _ AM|PM	☐ _ _ _ _ _ _ _ _ PM

Dosing		Other Tests	
Supplement	Quantity		

Observation Notes:

Salt Water Tank Record

Date: _____ / _____ / _____

Temperature:	% Water change:
pH levels:	Ammonia levels:
Nitrite levels:	Nitrate levels:
Alkalinity levels:	Salinity levels:
Phosphate levels:	Added water conditioner: Yes / No

Light Schedule	Feeding Schedule
ON _ _ _ _ _ _ _ _ AM|PM	☐ _ _ _ _ _ _ _ _ AM
OFF _ _ _ _ _ _ _ _ AM|PM	☐ _ _ _ _ _ _ _ _ PM

Dosing		Other Tests	
Supplement	Quantity		

Observation Notes:

Salt Water Tank Record

Date: _____ / _____ / _____

Temperature:	% Water change:
pH levels:	Ammonia levels:
Nitrite levels:	Nitrate levels:
Alkalinity levels:	Salinity levels:
Phosphate levels:	Added water conditioner: Yes / No

Light Schedule	Feeding Schedule
ON _ _ _ _ _ _ _ _ AM|PM	☐ _ _ _ _ _ _ _ _ AM
OFF _ _ _ _ _ _ _ _ AM|PM	☐ _ _ _ _ _ _ _ _ PM

Dosing		Other Tests	
Supplement	Quantity		

Observation Notes:

Salt Water Tank Record

Date: _____ / _____ / _____

Temperature:	% Water change:
pH levels:	Ammonia levels:
Nitrite levels:	Nitrate levels:
Alkalinity levels:	Salinity levels:
Phosphate levels:	Added water conditioner: Yes / No

Light Schedule	Feeding Schedule
ON _ _ _ _ _ _ _ _ AM|PM	☐ _ _ _ _ _ _ _ _ AM
OFF _ _ _ _ _ _ _ _ AM|PM	☐ _ _ _ _ _ _ _ _ PM

Dosing	
Supplement	Quantity

Other Tests	

Observation Notes:

Salt Water Tank Record

Date: _____ / _____ / _____

Temperature:	% Water change:
pH levels:	Ammonia levels:
Nitrite levels:	Nitrate levels:
Alkalinity levels:	Salinity levels:
Phosphate levels:	Added water conditioner: Yes / No

Light Schedule	Feeding Schedule
ON _ _ _ _ _ _ _ _ AM|PM	☐ _ _ _ _ _ _ _ _ AM
OFF _ _ _ _ _ _ _ _ AM|PM	☐ _ _ _ _ _ _ _ _ PM

Dosing	
Supplement	Quantity

Other Tests	

Observation Notes:

Salt Water Tank Record

Date: _____ / _____ / _____

Temperature:	% Water change:
pH levels:	Ammonia levels:
Nitrite levels:	Nitrate levels:
Alkalinity levels:	Salinity levels:
Phosphate levels:	Added water conditioner: Yes / No

Light Schedule	Feeding Schedule
ON _ _ _ _ _ _ _ _ AM|PM	☐ _ _ _ _ _ _ _ _ AM
OFF _ _ _ _ _ _ _ _ AM|PM	☐ _ _ _ _ _ _ _ _ PM

Dosing		Other Tests	
Supplement	Quantity		

Observation Notes:

Salt Water Tank Record

Date: _____ / _____ / _____

Temperature:	% Water change:
pH levels:	Ammonia levels:
Nitrite levels:	Nitrate levels:
Alkalinity levels:	Salinity levels:
Phosphate levels:	Added water conditioner: Yes / No

Light Schedule	Feeding Schedule
ON _ _ _ _ _ _ _ _ AM|PM	☐ _ _ _ _ _ _ _ _ AM
OFF _ _ _ _ _ _ _ _ AM|PM	☐ _ _ _ _ _ _ _ _ PM

Dosing		Other Tests	
Supplement	Quantity		

Observation Notes:

Salt Water Tank Record

Date: _____ / _____ / _____

Temperature:	% Water change:
pH levels:	Ammonia levels:
Nitrite levels:	Nitrate levels:
Alkalinity levels:	Salinity levels:
Phosphate levels:	Added water conditioner: Yes / No

Light Schedule	Feeding Schedule
ON _ _ _ _ _ _ _ _ AM|PM	☐ _ _ _ _ _ _ _ _ AM
OFF _ _ _ _ _ _ _ _ AM|PM	☐ _ _ _ _ _ _ _ _ PM

Dosing		Other Tests	
Supplement	Quantity		

Observation Notes:

Salt Water Tank Record

Date: _____ / _____ / _____

Temperature:	% Water change:
pH levels:	Ammonia levels:
Nitrite levels:	Nitrate levels:
Alkalinity levels:	Salinity levels:
Phosphate levels:	Added water conditioner: Yes / No

Light Schedule	Feeding Schedule
ON _ _ _ _ _ _ _ _ AM|PM	☐ _ _ _ _ _ _ _ _ AM
OFF _ _ _ _ _ _ _ _ AM|PM	☐ _ _ _ _ _ _ _ _ PM

Dosing		Other Tests	
Supplement	Quantity		

Observation Notes:

Salt Water Tank Record

Date: _____ / _____ / _____

Temperature:	% Water change:
pH levels:	Ammonia levels:
Nitrite levels:	Nitrate levels:
Alkalinity levels:	Salinity levels:
Phosphate levels:	Added water conditioner: Yes / No

Light Schedule	Feeding Schedule
ON _____ AM|PM	☐ _____ AM
OFF _____ AM|PM	☐ _____ PM

Dosing		Other Tests	
Supplement	Quantity		

Observation Notes:

Salt Water Tank Record

Date: _____ /_____ /_____

Temperature:	% Water change:
pH levels:	Ammonia levels:
Nitrite levels:	Nitrate levels:
Alkalinity levels:	Salinity levels:
Phosphate levels:	Added water conditioner: Yes / No

Light Schedule	Feeding Schedule
ON _ _ _ _ _ _ _ _ AM|PM	☐ _ _ _ _ _ _ _ _ AM
OFF _ _ _ _ _ _ _ _ AM|PM	☐ _ _ _ _ _ _ _ _ PM

Dosing

Supplement	Quantity

Other Tests

Observation Notes:

Salt Water Tank Record

Date: _____ / _____ / _____

Temperature:	% Water change:
pH levels:	Ammonia levels:
Nitrite levels:	Nitrate levels:
Alkalinity levels:	Salinity levels:
Phosphate levels:	Added water conditioner: Yes / No

Light Schedule	Feeding Schedule
ON _ _ _ _ _ _ _ _ AM|PM	☐ _ _ _ _ _ _ _ _ AM
OFF _ _ _ _ _ _ _ _ AM|PM	☐ _ _ _ _ _ _ _ _ PM

Dosing		Other Tests	
Supplement	Quantity		

Observation Notes:

Salt Water Tank Record

Date: _____ / _____ / _____

Temperature:	% Water change:
pH levels:	Ammonia levels:
Nitrite levels:	Nitrate levels:
Alkalinity levels:	Salinity levels:
Phosphate levels:	Added water conditioner: Yes / No

Light Schedule	Feeding Schedule
ON _ _ _ _ _ _ _ _ AM|PM	☐ _ _ _ _ _ _ _ _ AM
OFF _ _ _ _ _ _ _ _ AM|PM	☐ _ _ _ _ _ _ _ _ PM

Dosing		Other Tests	
Supplement	Quantity		

Observation Notes:

Salt Water Tank Record

Date: _____ / _____ / _____

Temperature:	% Water change:
pH levels:	Ammonia levels:
Nitrite levels:	Nitrate levels:
Alkalinity levels:	Salinity levels:
Phosphate levels:	Added water conditioner: Yes / No

Light Schedule	Feeding Schedule
ON _ _ _ _ _ _ _ _ AM|PM	☐ _ _ _ _ _ _ _ _ AM
OFF _ _ _ _ _ _ _ _ AM|PM	☐ _ _ _ _ _ _ _ _ PM

Dosing		Other Tests	
Supplement	Quantity		

Observation Notes:

Salt Water Tank Record

Date: _____ / _____ / _____

Temperature:	% Water change:
pH levels:	Ammonia levels:
Nitrite levels:	Nitrate levels:
Alkalinity levels:	Salinity levels:
Phosphate levels:	Added water conditioner: Yes / No

Light Schedule	Feeding Schedule
ON _ _ _ _ _ _ _ AM|PM	☐ _ _ _ _ _ _ _ AM
OFF _ _ _ _ _ _ _ AM|PM	☐ _ _ _ _ _ _ _ PM

Dosing		Other Tests	
Supplement	Quantity		

Observation Notes:

Salt Water Tank Record

Date: _____ / _____ / _____

Temperature:	% Water change:
pH levels:	Ammonia levels:
Nitrite levels:	Nitrate levels:
Alkalinity levels:	Salinity levels:
Phosphate levels:	Added water conditioner: Yes / No

Light Schedule	Feeding Schedule
ON _ _ _ _ _ _ _ _ AM|PM	☐ _ _ _ _ _ _ _ _ AM
OFF _ _ _ _ _ _ _ _ AM|PM	☐ _ _ _ _ _ _ _ _ PM

Dosing		Other Tests	
Supplement	Quantity		

Observation Notes:

Salt Water Tank Record

Date: _____ / _____ / _____

Temperature:	% Water change:
pH levels:	Ammonia levels:
Nitrite levels:	Nitrate levels:
Alkalinity levels:	Salinity levels:
Phosphate levels:	Added water conditioner: Yes / No

Light Schedule	Feeding Schedule
ON _ _ _ _ _ _ _ _ AM|PM	☐ _ _ _ _ _ _ _ _ AM
OFF _ _ _ _ _ _ _ _ AM|PM	☐ _ _ _ _ _ _ _ _ PM

Dosing		Other Tests	
Supplement	Quantity		

Observation Notes:

Salt Water Tank Record

Date: _____ / _____ / _____

Temperature:	% Water change:
pH levels:	Ammonia levels:
Nitrite levels:	Nitrate levels:
Alkalinity levels:	Salinity levels:
Phosphate levels:	Added water conditioner: Yes / No

Light Schedule	Feeding Schedule
ON _ _ _ _ _ _ _ _ AM|PM	☐ _ _ _ _ _ _ _ _ AM
OFF _ _ _ _ _ _ _ _ AM|PM	☐ _ _ _ _ _ _ _ _ PM

Dosing		Other Tests	
Supplement	Quantity		

Observation Notes:

Salt Water Tank Record

Date: _____ / _____ / _____

Temperature:	% Water change:
pH levels:	Ammonia levels:
Nitrite levels:	Nitrate levels:
Alkalinity levels:	Salinity levels:
Phosphate levels:	Added water conditioner: Yes / No

Light Schedule	Feeding Schedule
ON _ _ _ _ _ _ _ _ AM|PM	☐ _ _ _ _ _ _ _ _ AM
OFF _ _ _ _ _ _ _ _ AM|PM	☐ _ _ _ _ _ _ _ _ PM

Dosing		Other Tests	
Supplement	Quantity		

Observation Notes:

Salt Water Tank Record

Date: _____ / _____ / _____

Temperature:	% Water change:
pH levels:	Ammonia levels:
Nitrite levels:	Nitrate levels:
Alkalinity levels:	Salinity levels:
Phosphate levels:	Added water conditioner: Yes / No

Light Schedule	Feeding Schedule
ON _ _ _ _ _ _ _ _ AM|PM	☐ _ _ _ _ _ _ _ _ AM
OFF _ _ _ _ _ _ _ _ AM|PM	☐ _ _ _ _ _ _ _ _ PM

Dosing		Other Tests	
Supplement	Quantity		

Observation Notes:

Salt Water Tank Record

Date: _____ / _____ / _____

Temperature:	% Water change:
pH levels:	Ammonia levels:
Nitrite levels:	Nitrate levels:
Alkalinity levels:	Salinity levels:
Phosphate levels:	Added water conditioner: Yes / No

Light Schedule	Feeding Schedule
ON _ _ _ _ _ _ _ _ AM|PM	☐ _ _ _ _ _ _ _ _ AM
OFF _ _ _ _ _ _ _ _ AM|PM	☐ _ _ _ _ _ _ _ _ PM

Dosing		Other Tests	
Supplement	Quantity		

Observation Notes:

Salt Water Tank Record

Date: _____ / _____ / _____

Temperature:	% Water change:
pH levels:	Ammonia levels:
Nitrite levels:	Nitrate levels:
Alkalinity levels:	Salinity levels:
Phosphate levels:	Added water conditioner: Yes / No

Light Schedule	Feeding Schedule
ON _ _ _ _ _ _ _ _ AM|PM	☐ _ _ _ _ _ _ _ _ AM
OFF _ _ _ _ _ _ _ _ AM|PM	☐ _ _ _ _ _ _ _ _ PM

Dosing		Other Tests	
Supplement	Quantity		

Observation Notes:

Salt Water Tank Record

Date: _____ / _____ / _____

Temperature:	% Water change:
pH levels:	Ammonia levels:
Nitrite levels:	Nitrate levels:
Alkalinity levels:	Salinity levels:
Phosphate levels:	Added water conditioner: Yes / No

Light Schedule	Feeding Schedule
ON _ _ _ _ _ _ _ _ AM|PM	☐ _ _ _ _ _ _ _ _ AM
OFF _ _ _ _ _ _ _ _ AM|PM	☐ _ _ _ _ _ _ _ _ PM

Dosing		Other Tests	
Supplement	Quantity		

Observation Notes:

Salt Water Tank Record

Date: _____ / _____ / _____

Temperature:	% Water change:
pH levels:	Ammonia levels:
Nitrite levels:	Nitrate levels:
Alkalinity levels:	Salinity levels:
Phosphate levels:	Added water conditioner: Yes / No

Light Schedule	Feeding Schedule
ON _ _ _ _ _ _ _ _ AM|PM	☐ _ _ _ _ _ _ _ _ AM
OFF _ _ _ _ _ _ _ _ AM|PM	☐ _ _ _ _ _ _ _ _ PM

Dosing		Other Tests	
Supplement	Quantity		

Observation Notes:

Salt Water Tank Record

Date: _____ / _____ / _____

Temperature:	% Water change:
pH levels:	Ammonia levels:
Nitrite levels:	Nitrate levels:
Alkalinity levels:	Salinity levels:
Phosphate levels:	Added water conditioner: Yes / No

Light Schedule	Feeding Schedule
ON _ _ _ _ _ _ _ _ AM|PM	☐ _ _ _ _ _ _ _ _ AM
OFF _ _ _ _ _ _ _ _ AM|PM	☐ _ _ _ _ _ _ _ _ PM

Dosing		Other Tests	
Supplement	Quantity		

Observation Notes:

Salt Water Tank Record

Date: _____ / _____ / _____

Temperature:	% Water change:
pH levels:	Ammonia levels:
Nitrite levels:	Nitrate levels:
Alkalinity levels:	Salinity levels:
Phosphate levels:	Added water conditioner: Yes / No

Light Schedule	Feeding Schedule
ON _ _ _ _ _ _ _ _ AM|PM	☐ _ _ _ _ _ _ _ _ AM
OFF _ _ _ _ _ _ _ _ AM|PM	☐ _ _ _ _ _ _ _ _ PM

Dosing		Other Tests	
Supplement	Quantity		

Observation Notes:

Salt Water Tank Record

Date: _____ / _____ / _____

Temperature:	% Water change:
pH levels:	Ammonia levels:
Nitrite levels:	Nitrate levels:
Alkalinity levels:	Salinity levels:
Phosphate levels:	Added water conditioner: Yes / No

Light Schedule	Feeding Schedule
ON _ _ _ _ _ _ _ _ AM|PM	☐ _ _ _ _ _ _ _ _ AM
OFF _ _ _ _ _ _ _ _ AM|PM	☐ _ _ _ _ _ _ _ _ PM

Dosing		Other Tests	
Supplement	Quantity		

Observation Notes:

Salt Water Tank Record

Date: _____ / _____ / _____

Temperature:	% Water change:
pH levels:	Ammonia levels:
Nitrite levels:	Nitrate levels:
Alkalinity levels:	Salinity levels:
Phosphate levels:	Added water conditioner: Yes / No

Light Schedule	Feeding Schedule
ON _ _ _ _ _ _ _ _ AM|PM	☐ _ _ _ _ _ _ _ _ AM
OFF _ _ _ _ _ _ _ _ AM|PM	☐ _ _ _ _ _ _ _ _ PM

Dosing		Other Tests	
Supplement	Quantity		

Observation Notes:

Salt Water Tank Record

Date: _____ / _____ / _____

Temperature:	% Water change:
pH levels:	Ammonia levels:
Nitrite levels:	Nitrate levels:
Alkalinity levels:	Salinity levels:
Phosphate levels:	Added water conditioner: Yes / No

Light Schedule	Feeding Schedule
ON _____ AM|PM	☐ _____ AM
OFF _____ AM|PM	☐ _____ PM

Dosing		Other Tests	
Supplement	Quantity		

Observation Notes:

Salt Water Tank Record

Date: _____ / _____ / _____

Temperature:	% Water change:
pH levels:	Ammonia levels:
Nitrite levels:	Nitrate levels:
Alkalinity levels:	Salinity levels:
Phosphate levels:	Added water conditioner: Yes / No

Light Schedule	Feeding Schedule
ON _ _ _ _ _ _ _ _ AM|PM	☐ _ _ _ _ _ _ _ _ AM
OFF _ _ _ _ _ _ _ _ AM|PM	☐ _ _ _ _ _ _ _ _ PM

Dosing		Other Tests	
Supplement	Quantity		

Observation Notes:

Salt Water Tank Record

Date: _____ / _____ / _____

Temperature:	% Water change:
pH levels:	Ammonia levels:
Nitrite levels:	Nitrate levels:
Alkalinity levels:	Salinity levels:
Phosphate levels:	Added water conditioner: Yes / No

Light Schedule	Feeding Schedule
ON _ _ _ _ _ _ _ _ AM|PM	☐ _ _ _ _ _ _ _ _ AM
OFF _ _ _ _ _ _ _ _ AM|PM	☐ _ _ _ _ _ _ _ _ PM

Dosing		Other Tests	
Supplement	Quantity		

Observation Notes:

Salt Water Tank Record

Date: _____ / _____ / _____

Temperature:	% Water change:
pH levels:	Ammonia levels:
Nitrite levels:	Nitrate levels:
Alkalinity levels:	Salinity levels:
Phosphate levels:	Added water conditioner: Yes / No

Light Schedule	Feeding Schedule
ON _ _ _ _ _ _ _ _ AM|PM	☐ _ _ _ _ _ _ _ _ AM
OFF _ _ _ _ _ _ _ _ AM|PM	☐ _ _ _ _ _ _ _ _ PM

Dosing		Other Tests	
Supplement	Quantity		

Observation Notes:

Salt Water Tank Record

Date: _____ / _____ / _____

Temperature:	% Water change:
pH levels:	Ammonia levels:
Nitrite levels:	Nitrate levels:
Alkalinity levels:	Salinity levels:
Phosphate levels:	Added water conditioner: Yes / No

Light Schedule	Feeding Schedule
ON _ _ _ _ _ _ _ _ AM|PM	☐ _ _ _ _ _ _ _ _ AM
OFF _ _ _ _ _ _ _ _ AM|PM	☐ _ _ _ _ _ _ _ _ PM

Dosing		Other Tests	
Supplement	Quantity		

Observation Notes:

Salt Water Tank Record

Date: _____ / _____ / _____

Temperature:	% Water change:
pH levels:	Ammonia levels:
Nitrite levels:	Nitrate levels:
Alkalinity levels:	Salinity levels:
Phosphate levels:	Added water conditioner: Yes / No

Light Schedule	Feeding Schedule
ON _ _ _ _ _ _ _ _ AM|PM	☐ _ _ _ _ _ _ _ _ AM
OFF _ _ _ _ _ _ _ _ AM|PM	☐ _ _ _ _ _ _ _ _ PM

Dosing		Other Tests	
Supplement	Quantity		

Observation Notes:

Salt Water Tank Record

Date: _____ / _____ / _____

Temperature:	% Water change:
pH levels:	Ammonia levels:
Nitrite levels:	Nitrate levels:
Alkalinity levels:	Salinity levels:
Phosphate levels:	Added water conditioner: Yes / No

Light Schedule	Feeding Schedule
ON _ _ _ _ _ _ _ _ AM|PM	☐ _ _ _ _ _ _ _ _ AM
OFF _ _ _ _ _ _ _ _ AM|PM	☐ _ _ _ _ _ _ _ _ PM

Dosing

Supplement	Quantity

Other Tests

Observation Notes:

Salt Water Tank Record

Date: _____ / _____ / _____

Temperature:	% Water change:
pH levels:	Ammonia levels:
Nitrite levels:	Nitrate levels:
Alkalinity levels:	Salinity levels:
Phosphate levels:	Added water conditioner: Yes / No

Light Schedule	Feeding Schedule
ON _ _ _ _ _ _ _ _ AM|PM	☐ _ _ _ _ _ _ _ _ AM
OFF _ _ _ _ _ _ _ _ AM|PM	☐ _ _ _ _ _ _ _ _ PM

Dosing		Other Tests	
Supplement	Quantity		

Observation Notes:

Salt Water Tank Record

Date: _____ / _____ / _____

Temperature:	% Water change:
pH levels:	Ammonia levels:
Nitrite levels:	Nitrate levels:
Alkalinity levels:	Salinity levels:
Phosphate levels:	Added water conditioner: Yes / No

Light Schedule	Feeding Schedule
ON _ _ _ _ _ _ _ _ AM|PM	☐ _ _ _ _ _ _ _ _ AM
OFF _ _ _ _ _ _ _ _ AM|PM	☐ _ _ _ _ _ _ _ _ PM

Dosing		Other Tests	
Supplement	Quantity		

Observation Notes:

Salt Water Tank Record

Date: _____ / _____ / _____

Temperature:	% Water change:
pH levels:	Ammonia levels:
Nitrite levels:	Nitrate levels:
Alkalinity levels:	Salinity levels:
Phosphate levels:	Added water conditioner: Yes / No

Light Schedule	Feeding Schedule
ON _ _ _ _ _ _ _ _ AM|PM	☐ _ _ _ _ _ _ _ _ AM
OFF _ _ _ _ _ _ _ _ AM|PM	☐ _ _ _ _ _ _ _ _ PM

Dosing		Other Tests	
Supplement	Quantity		

Observation Notes:

Salt Water Tank Record

Date: _____ / _____ / _____

Temperature:	% Water change:
pH levels:	Ammonia levels:
Nitrite levels:	Nitrate levels:
Alkalinity levels:	Salinity levels:
Phosphate levels:	Added water conditioner: Yes / No

Light Schedule	Feeding Schedule
ON _ _ _ _ _ _ _ _ AM|PM	☐ _ _ _ _ _ _ _ _ AM
OFF _ _ _ _ _ _ _ _ AM|PM	☐ _ _ _ _ _ _ _ _ PM

Dosing		Other Tests	
Supplement	Quantity		

Observation Notes:

Salt Water Tank Record

Date: _____ / _____ / _____

Temperature:	% Water change:
pH levels:	Ammonia levels:
Nitrite levels:	Nitrate levels:
Alkalinity levels:	Salinity levels:
Phosphate levels:	Added water conditioner: Yes / No

Light Schedule	Feeding Schedule
ON _ _ _ _ _ _ _ _ AM|PM	☐ _ _ _ _ _ _ _ _ AM
OFF _ _ _ _ _ _ _ _ AM|PM	☐ _ _ _ _ _ _ _ _ PM

Dosing		Other Tests	
Supplement	Quantity		

Observation Notes:

Salt Water Tank Record

Date: _____ / _____ / _____

Temperature:	% Water change:
pH levels:	Ammonia levels:
Nitrite levels:	Nitrate levels:
Alkalinity levels:	Salinity levels:
Phosphate levels:	Added water conditioner: Yes / No

Light Schedule	Feeding Schedule
ON _ _ _ _ _ _ _ _ AM|PM	☐ _ _ _ _ _ _ _ _ AM
OFF _ _ _ _ _ _ _ _ AM|PM	☐ _ _ _ _ _ _ _ _ PM

Dosing		Other Tests	
Supplement	Quantity		

Observation Notes:

Salt Water Tank Record

Date: _____ / _____ / _____

Temperature:	% Water change:
pH levels:	Ammonia levels:
Nitrite levels:	Nitrate levels:
Alkalinity levels:	Salinity levels:
Phosphate levels:	Added water conditioner: Yes / No

Light Schedule	Feeding Schedule
ON _ _ _ _ _ _ _ _ AM|PM	☐ _ _ _ _ _ _ _ _ AM
OFF _ _ _ _ _ _ _ _ AM|PM	☐ _ _ _ _ _ _ _ _ PM

Dosing		Other Tests	
Supplement	Quantity		

Observation Notes:

Salt Water Tank Record

Date: _____ / _____ / _____

Temperature:	% Water change:
pH levels:	Ammonia levels:
Nitrite levels:	Nitrate levels:
Alkalinity levels:	Salinity levels:
Phosphate levels:	Added water conditioner: Yes / No

Light Schedule	Feeding Schedule
ON _ _ _ _ _ _ _ _ AM|PM	☐ _ _ _ _ _ _ _ _ AM
OFF _ _ _ _ _ _ _ _ AM|PM	☐ _ _ _ _ _ _ _ _ PM

Dosing		Other Tests	
Supplement	Quantity		

Observation Notes:

Salt Water Tank Record

Date: _____ / _____ / _____

Temperature:	% Water change:
pH levels:	Ammonia levels:
Nitrite levels:	Nitrate levels:
Alkalinity levels:	Salinity levels:
Phosphate levels:	Added water conditioner: Yes / No

Light Schedule	Feeding Schedule
ON _ _ _ _ _ _ _ _ AM|PM	☐ _ _ _ _ _ _ _ _ AM
OFF _ _ _ _ _ _ _ _ AM|PM	☐ _ _ _ _ _ _ _ _ PM

Dosing		Other Tests	
Supplement	Quantity		

Observation Notes:

Salt Water Tank Record

Date: _____ / _____ / _____

Temperature:	% Water change:
pH levels:	Ammonia levels:
Nitrite levels:	Nitrate levels:
Alkalinity levels:	Salinity levels:
Phosphate levels:	Added water conditioner: Yes / No

Light Schedule	Feeding Schedule
ON _ _ _ _ _ _ _ _ AM|PM	☐ _ _ _ _ _ _ _ _ AM
OFF _ _ _ _ _ _ _ _ AM|PM	☐ _ _ _ _ _ _ _ _ PM

Dosing

Supplement	Quantity

Other Tests

Observation Notes:

Salt Water Tank Record

Date: _____ / _____ / _____

Temperature:	% Water change:
pH levels:	Ammonia levels:
Nitrite levels:	Nitrate levels:
Alkalinity levels:	Salinity levels:
Phosphate levels:	Added water conditioner: Yes / No

Light Schedule	Feeding Schedule
ON _ _ _ _ _ _ _ _ AM|PM	☐ _ _ _ _ _ _ _ _ AM
OFF _ _ _ _ _ _ _ _ AM|PM	☐ _ _ _ _ _ _ _ _ PM

Dosing		Other Tests	
Supplement	Quantity		

Observation Notes:

Salt Water Tank Record

Date: _____ / _____ / _____

Temperature:	% Water change:
pH levels:	Ammonia levels:
Nitrite levels:	Nitrate levels:
Alkalinity levels:	Salinity levels:
Phosphate levels:	Added water conditioner: Yes / No

Light Schedule	Feeding Schedule
ON _ _ _ _ _ _ _ _ AM|PM	☐ _ _ _ _ _ _ _ _ AM
OFF _ _ _ _ _ _ _ _ AM|PM	☐ _ _ _ _ _ _ _ _ PM

Dosing

Supplement	Quantity

Other Tests

Observation Notes:

Salt Water Tank Record

Date: _____ / _____ / _____

Temperature:	% Water change:
pH levels:	Ammonia levels:
Nitrite levels:	Nitrate levels:
Alkalinity levels:	Salinity levels:
Phosphate levels:	Added water conditioner: Yes / No

Light Schedule	Feeding Schedule
ON _ _ _ _ _ _ _ _ AM|PM	☐ _ _ _ _ _ _ _ _ AM
OFF_ _ _ _ _ _ _ _ AM|PM	☐ _ _ _ _ _ _ _ _ PM

Dosing		Other Tests	
Supplement	Quantity		

Observation Notes:

Salt Water Tank Record

Date: _____ / _____ / _____

Temperature:	% Water change:
pH levels:	Ammonia levels:
Nitrite levels:	Nitrate levels:
Alkalinity levels:	Salinity levels:
Phosphate levels:	Added water conditioner: Yes / No

Light Schedule	Feeding Schedule
ON _ _ _ _ _ _ _ _ AM|PM	☐ _ _ _ _ _ _ _ _ AM
OFF _ _ _ _ _ _ _ _ AM|PM	☐ _ _ _ _ _ _ _ _ PM

Dosing		Other Tests	
Supplement	Quantity		

Observation Notes:

Salt Water Tank Record

Date: _____ / _____ / _____

Temperature:	% Water change:
pH levels:	Ammonia levels:
Nitrite levels:	Nitrate levels:
Alkalinity levels:	Salinity levels:
Phosphate levels:	Added water conditioner: Yes / No

Light Schedule	Feeding Schedule
ON _ _ _ _ _ _ _ _ AM|PM	☐ _ _ _ _ _ _ _ _ AM
OFF _ _ _ _ _ _ _ _ AM|PM	☐ _ _ _ _ _ _ _ _ PM

Dosing		Other Tests	
Supplement	Quantity		

Observation Notes:

Salt Water Tank Record

Date: _____ / _____ / _____

Temperature:	% Water change:
pH levels:	Ammonia levels:
Nitrite levels:	Nitrate levels:
Alkalinity levels:	Salinity levels:
Phosphate levels:	Added water conditioner: Yes / No

Light Schedule	Feeding Schedule
ON _ _ _ _ _ _ _ _ AM|PM	☐ _ _ _ _ _ _ _ _ AM
OFF _ _ _ _ _ _ _ _ AM|PM	☐ _ _ _ _ _ _ _ _ PM

Dosing		Other Tests	
Supplement	Quantity		

Observation Notes:

Salt Water Tank Record

Date: _____ / _____ / _____

Temperature:	% Water change:
pH levels:	Ammonia levels:
Nitrite levels:	Nitrate levels:
Alkalinity levels:	Salinity levels:
Phosphate levels:	Added water conditioner: Yes / No

Light Schedule	Feeding Schedule
ON _ _ _ _ _ _ _ _ AM|PM	☐ _ _ _ _ _ _ _ _ AM
OFF _ _ _ _ _ _ _ _ AM|PM	☐ _ _ _ _ _ _ _ _ PM

Dosing		Other Tests	
Supplement	Quantity		

Observation Notes:

Salt Water Tank Record

Date: _____ / _____ / _____

Temperature:	% Water change:
pH levels:	Ammonia levels:
Nitrite levels:	Nitrate levels:
Alkalinity levels:	Salinity levels:
Phosphate levels:	Added water conditioner: Yes / No

Light Schedule	Feeding Schedule
ON _ _ _ _ _ _ _ _ AM|PM	☐ _ _ _ _ _ _ _ _ AM
OFF _ _ _ _ _ _ _ _ AM|PM	☐ _ _ _ _ _ _ _ _ PM

Dosing		Other Tests	
Supplement	Quantity		

Observation Notes:

Salt Water Tank Record

Date: ____ / ____ / ____

Temperature:	% Water change:
pH levels:	Ammonia levels:
Nitrite levels:	Nitrate levels:
Alkalinity levels:	Salinity levels:
Phosphate levels:	Added water conditioner: Yes / No

Light Schedule	Feeding Schedule
ON _ _ _ _ _ _ _ _ AM|PM	☐ _ _ _ _ _ _ _ _ AM
OFF _ _ _ _ _ _ _ _ AM|PM	☐ _ _ _ _ _ _ _ _ PM

Dosing		Other Tests	
Supplement	Quantity		

Observation Notes:

Salt Water Tank Record

Date: _____ / _____ / _____

Temperature:	% Water change:
pH levels:	Ammonia levels:
Nitrite levels:	Nitrate levels:
Alkalinity levels:	Salinity levels:
Phosphate levels:	Added water conditioner: Yes / No

Light Schedule	Feeding Schedule
ON _ _ _ _ _ _ _ _ AM|PM	☐ _ _ _ _ _ _ _ _ AM
OFF _ _ _ _ _ _ _ _ AM|PM	☐ _ _ _ _ _ _ _ _ PM

Dosing		Other Tests	
Supplement	Quantity		

Observation Notes:

Salt Water Tank Record

Date: _____ / _____ / _____

Temperature:	% Water change:
pH levels:	Ammonia levels:
Nitrite levels:	Nitrate levels:
Alkalinity levels:	Salinity levels:
Phosphate levels:	Added water conditioner: Yes / No

Light Schedule	Feeding Schedule
ON _ _ _ _ _ _ _ _ AM|PM	☐ _ _ _ _ _ _ _ _ AM
OFF_ _ _ _ _ _ _ _ AM|PM	☐ _ _ _ _ _ _ _ _ PM

Dosing		Other Tests	
Supplement	Quantity		

Observation Notes:

Salt Water Tank Record

Date: _____ / _____ / _____

Temperature:	% Water change:
pH levels:	Ammonia levels:
Nitrite levels:	Nitrate levels:
Alkalinity levels:	Salinity levels:
Phosphate levels:	Added water conditioner: Yes / No

Light Schedule	Feeding Schedule
ON _ _ _ _ _ _ _ _ AM|PM	☐ _ _ _ _ _ _ _ _ AM
OFF _ _ _ _ _ _ _ _ AM|PM	☐ _ _ _ _ _ _ _ _ PM

Dosing		Other Tests	
Supplement	Quantity		

Observation Notes:

Salt Water Tank Record

Date: _____ / _____ / _____

Temperature:	% Water change:
pH levels:	Ammonia levels:
Nitrite levels:	Nitrate levels:
Alkalinity levels:	Salinity levels:
Phosphate levels:	Added water conditioner: Yes / No

Light Schedule	Feeding Schedule
ON _ _ _ _ _ _ _ _ AM|PM	☐ _ _ _ _ _ _ _ _ AM
OFF _ _ _ _ _ _ _ _ AM|PM	☐ _ _ _ _ _ _ _ _ PM

Dosing		Other Tests	
Supplement	Quantity		

Observation Notes:

Salt Water Tank Record

Date: _____ / _____ / _____

Temperature:	% Water change:
pH levels:	Ammonia levels:
Nitrite levels:	Nitrate levels:
Alkalinity levels:	Salinity levels:
Phosphate levels:	Added water conditioner: Yes / No

Light Schedule	Feeding Schedule
ON _ _ _ _ _ _ _ _ AM|PM	☐ _ _ _ _ _ _ _ _ AM
OFF _ _ _ _ _ _ _ _ AM|PM	☐ _ _ _ _ _ _ _ _ PM

Dosing		Other Tests	
Supplement	Quantity		

Observation Notes:

Salt Water Tank Record

Date: _____ / _____ / _____

Temperature:	% Water change:
pH levels:	Ammonia levels:
Nitrite levels:	Nitrate levels:
Alkalinity levels:	Salinity levels:
Phosphate levels:	Added water conditioner: Yes / No

Light Schedule	Feeding Schedule
ON _ _ _ _ _ _ _ _ AM|PM	☐ _ _ _ _ _ _ _ _ AM
OFF _ _ _ _ _ _ _ _ AM|PM	☐ _ _ _ _ _ _ _ _ PM

Dosing		Other Tests	
Supplement	Quantity		

Observation Notes:

Salt Water Tank Record

Date: _____ / _____ / _____

Temperature:	% Water change:
pH levels:	Ammonia levels:
Nitrite levels:	Nitrate levels:
Alkalinity levels:	Salinity levels:
Phosphate levels:	Added water conditioner: Yes / No

Light Schedule	Feeding Schedule
ON _ _ _ _ _ _ _ _ AM|PM	☐ _ _ _ _ _ _ _ _ AM
OFF _ _ _ _ _ _ _ _ AM|PM	☐ _ _ _ _ _ _ _ _ PM

Dosing

Supplement	Quantity

Other Tests

Observation Notes:

Salt Water Tank Record

Date: _____ / _____ / _____

Temperature:	% Water change:
pH levels:	Ammonia levels:
Nitrite levels:	Nitrate levels:
Alkalinity levels:	Salinity levels:
Phosphate levels:	Added water conditioner: Yes / No

Light Schedule	Feeding Schedule
ON _ _ _ _ _ _ _ _ AM|PM	☐ _ _ _ _ _ _ _ _ AM
OFF_ _ _ _ _ _ _ _ AM|PM	☐ _ _ _ _ _ _ _ _ PM

Dosing		Other Tests	
Supplement	Quantity		

Observation Notes:

Salt Water Tank Record

Date: _____ / _____ / _____

Temperature:	% Water change:
pH levels:	Ammonia levels:
Nitrite levels:	Nitrate levels:
Alkalinity levels:	Salinity levels:
Phosphate levels:	Added water conditioner: Yes / No

Light Schedule	Feeding Schedule
ON _ _ _ _ _ _ _ _ AM|PM	☐ _ _ _ _ _ _ _ _ AM
OFF _ _ _ _ _ _ _ _ AM|PM	☐ _ _ _ _ _ _ _ _ PM

Dosing		Other Tests	
Supplement	Quantity		

Observation Notes:

Salt Water Tank Record

Date: _____ / _____ / _____

Temperature:	% Water change:
pH levels:	Ammonia levels:
Nitrite levels:	Nitrate levels:
Alkalinity levels:	Salinity levels:
Phosphate levels:	Added water conditioner: Yes / No

Light Schedule	Feeding Schedule
ON _ _ _ _ _ _ _ _ AM|PM	☐ _ _ _ _ _ _ _ _ AM
OFF _ _ _ _ _ _ _ _ AM|PM	☐ _ _ _ _ _ _ _ _ PM

Dosing		Other Tests	
Supplement	Quantity		

Observation Notes:

Salt Water Tank Record

Date: _____ / _____ / _____

Temperature:	% Water change:
pH levels:	Ammonia levels:
Nitrite levels:	Nitrate levels:
Alkalinity levels:	Salinity levels:
Phosphate levels:	Added water conditioner: Yes / No

Light Schedule	Feeding Schedule
ON _ _ _ _ _ _ _ _ AM|PM	☐ _ _ _ _ _ _ _ _ AM
OFF _ _ _ _ _ _ _ _ AM|PM	☐ _ _ _ _ _ _ _ _ PM

Dosing		Other Tests	
Supplement	Quantity		

Observation Notes:

Salt Water Tank Record

Date: _____ / _____ / _____

Temperature:	% Water change:
pH levels:	Ammonia levels:
Nitrite levels:	Nitrate levels:
Alkalinity levels:	Salinity levels:
Phosphate levels:	Added water conditioner: Yes / No

Light Schedule	Feeding Schedule
ON _ _ _ _ _ _ _ _ AM|PM	☐ _ _ _ _ _ _ _ _ AM
OFF _ _ _ _ _ _ _ _ AM|PM	☐ _ _ _ _ _ _ _ _ PM

Dosing		Other Tests	
Supplement	Quantity		

Observation Notes:

Salt Water Tank Record

Date: _____ / _____ / _____

Temperature:	% Water change:
pH levels:	Ammonia levels:
Nitrite levels:	Nitrate levels:
Alkalinity levels:	Salinity levels:
Phosphate levels:	Added water conditioner: Yes / No

Light Schedule	Feeding Schedule
ON _ _ _ _ _ _ _ _ AM|PM	☐ _ _ _ _ _ _ _ _ AM
OFF _ _ _ _ _ _ _ _ AM|PM	☐ _ _ _ _ _ _ _ _ PM

Dosing		Other Tests
Supplement	Quantity	

Observation Notes:

Salt Water Tank Record

Date: _____ / _____ / _____

Temperature:	% Water change:
pH levels:	Ammonia levels:
Nitrite levels:	Nitrate levels:
Alkalinity levels:	Salinity levels:
Phosphate levels:	Added water conditioner: Yes / No

Light Schedule	Feeding Schedule
ON _ _ _ _ _ _ _ _ AM|PM	☐ _ _ _ _ _ _ _ _ AM
OFF _ _ _ _ _ _ _ _ AM|PM	☐ _ _ _ _ _ _ _ _ PM

Dosing		Other Tests	
Supplement	Quantity		

Observation Notes:

Salt Water Tank Record

Date: _____ / _____ / _____

Temperature:	% Water change:
pH levels:	Ammonia levels:
Nitrite levels:	Nitrate levels:
Alkalinity levels:	Salinity levels:
Phosphate levels:	Added water conditioner: Yes / No

Light Schedule	Feeding Schedule
ON _____ AM|PM	☐ _____ AM
OFF _____ AM|PM	☐ _____ PM

Dosing		Other Tests	
Supplement	Quantity		

Observation Notes:

Salt Water Tank Record

Date: _____ / _____ / _____

Temperature:	% Water change:
pH levels:	Ammonia levels:
Nitrite levels:	Nitrate levels:
Alkalinity levels:	Salinity levels:
Phosphate levels:	Added water conditioner: Yes / No

Light Schedule	Feeding Schedule
ON _ _ _ _ _ _ _ _ AM|PM	☐ _ _ _ _ _ _ _ _ AM
OFF _ _ _ _ _ _ _ _ AM|PM	☐ _ _ _ _ _ _ _ _ PM

Dosing		Other Tests	
Supplement	Quantity		

Observation Notes:

Salt Water Tank Record

Date: _____ / _____ / _____

Temperature:	% Water change:
pH levels:	Ammonia levels:
Nitrite levels:	Nitrate levels:
Alkalinity levels:	Salinity levels:
Phosphate levels:	Added water conditioner: Yes / No

Light Schedule	Feeding Schedule
ON _ _ _ _ _ _ _ _ AM|PM	☐ _ _ _ _ _ _ _ _ AM
OFF _ _ _ _ _ _ _ _ AM|PM	☐ _ _ _ _ _ _ _ _ PM

Dosing		Other Tests	
Supplement	Quantity		

Observation Notes:

Salt Water Tank Record

Date: _____ / _____ / _____

Temperature:	% Water change:
pH levels:	Ammonia levels:
Nitrite levels:	Nitrate levels:
Alkalinity levels:	Salinity levels:
Phosphate levels:	Added water conditioner: Yes / No

Light Schedule	Feeding Schedule
ON _ _ _ _ _ _ _ _ AM|PM	☐ _ _ _ _ _ _ _ _ AM
OFF _ _ _ _ _ _ _ _ AM|PM	☐ _ _ _ _ _ _ _ _ PM

Dosing		Other Tests	
Supplement	Quantity		

Observation Notes:

Salt Water Tank Record

Date: _____ / _____ / _____

Temperature:	% Water change:
pH levels:	Ammonia levels:
Nitrite levels:	Nitrate levels:
Alkalinity levels:	Salinity levels:
Phosphate levels:	Added water conditioner: Yes / No

Light Schedule	Feeding Schedule
ON _ _ _ _ _ _ _ _ AM|PM	☐ _ _ _ _ _ _ _ _ AM
OFF _ _ _ _ _ _ _ _ AM|PM	☐ _ _ _ _ _ _ _ _ PM

Dosing		Other Tests	
Supplement	Quantity		

Observation Notes:

Salt Water Tank Record

Date: _____ /_____ /_____

Temperature:	% Water change:
pH levels:	Ammonia levels:
Nitrite levels:	Nitrate levels:
Alkalinity levels:	Salinity levels:
Phosphate levels:	Added water conditioner: Yes / No

Light Schedule	Feeding Schedule
ON _ _ _ _ _ _ _ _ AM|PM	☐ _ _ _ _ _ _ _ _ AM
OFF _ _ _ _ _ _ _ _ AM|PM	☐ _ _ _ _ _ _ _ _ PM

Dosing		Other Tests	
Supplement	Quantity		

Observation Notes:

Salt Water Tank Record

Date: _____ / _____ / _____

Temperature:	% Water change:
pH levels:	Ammonia levels:
Nitrite levels:	Nitrate levels:
Alkalinity levels:	Salinity levels:
Phosphate levels:	Added water conditioner: Yes / No

Light Schedule	Feeding Schedule
ON _ _ _ _ _ _ _ _ AM|PM	☐ _ _ _ _ _ _ _ _ AM
OFF _ _ _ _ _ _ _ _ AM|PM	☐ _ _ _ _ _ _ _ _ PM

Dosing		Other Tests	
Supplement	Quantity		

Observation Notes:

Salt Water Tank Record

Date: _____ / _____ / _____

Temperature:	% Water change:
pH levels:	Ammonia levels:
Nitrite levels:	Nitrate levels:
Alkalinity levels:	Salinity levels:
Phosphate levels:	Added water conditioner: Yes / No

Light Schedule	Feeding Schedule
ON _ _ _ _ _ _ _ _ AM|PM	☐ _ _ _ _ _ _ _ _ AM
OFF _ _ _ _ _ _ _ _ AM|PM	☐ _ _ _ _ _ _ _ _ PM

Dosing		Other Tests	
Supplement	Quantity		

Observation Notes:

Salt Water Tank Record

Date: _____ / _____ / _____

Temperature:	% Water change:
pH levels:	Ammonia levels:
Nitrite levels:	Nitrate levels:
Alkalinity levels:	Salinity levels:
Phosphate levels:	Added water conditioner: Yes / No

Light Schedule	Feeding Schedule
ON _ _ _ _ _ _ _ _ AM|PM	☐ _ _ _ _ _ _ _ _ AM
OFF _ _ _ _ _ _ _ _ AM|PM	☐ _ _ _ _ _ _ _ _ PM

Dosing		Other Tests	
Supplement	Quantity		

Observation Notes:

Salt Water Tank Record

Date: _____ / _____ / _____

Temperature:	% Water change:
pH levels:	Ammonia levels:
Nitrite levels:	Nitrate levels:
Alkalinity levels:	Salinity levels:
Phosphate levels:	Added water conditioner: Yes / No

Light Schedule	Feeding Schedule
ON _ _ _ _ _ _ _ _ AM|PM	☐ _ _ _ _ _ _ _ _ AM
OFF _ _ _ _ _ _ _ _ AM|PM	☐ _ _ _ _ _ _ _ _ PM

Dosing		Other Tests
Supplement	Quantity	

Observation Notes:

Salt Water Tank Record

Date: _____ / _____ / _____

Temperature:	% Water change:
pH levels:	Ammonia levels:
Nitrite levels:	Nitrate levels:
Alkalinity levels:	Salinity levels:
Phosphate levels:	Added water conditioner: Yes / No

Light Schedule	Feeding Schedule
ON _ _ _ _ _ _ _ _ AM|PM	☐ _ _ _ _ _ _ _ _ AM
OFF _ _ _ _ _ _ _ _ AM|PM	☐ _ _ _ _ _ _ _ _ PM

Dosing		Other Tests	
Supplement	Quantity		

Observation Notes:

Salt Water Tank Record

Date: _____ / _____ / _____

Temperature:	% Water change:
pH levels:	Ammonia levels:
Nitrite levels:	Nitrate levels:
Alkalinity levels:	Salinity levels:
Phosphate levels:	Added water conditioner: Yes / No

Light Schedule	Feeding Schedule
ON _ _ _ _ _ _ _ _ AM|PM	☐ _ _ _ _ _ _ _ _ AM
OFF _ _ _ _ _ _ _ _ AM|PM	☐ _ _ _ _ _ _ _ _ PM

Dosing		Other Tests	
Supplement	Quantity		

Observation Notes:

Salt Water Tank Record

Date: _____ / _____ / _____

Temperature:	% Water change:
pH levels:	Ammonia levels:
Nitrite levels:	Nitrate levels:
Alkalinity levels:	Salinity levels:
Phosphate levels:	Added water conditioner: Yes / No

Light Schedule	Feeding Schedule
ON _ _ _ _ _ _ _ _ AM|PM	☐ _ _ _ _ _ _ _ _ AM
OFF _ _ _ _ _ _ _ _ AM|PM	☐ _ _ _ _ _ _ _ _ PM

Dosing		Other Tests	
Supplement	Quantity		

Observation Notes:

Salt Water Tank Record

Date: _____ / _____ / _____

Temperature:	% Water change:
pH levels:	Ammonia levels:
Nitrite levels:	Nitrate levels:
Alkalinity levels:	Salinity levels:
Phosphate levels:	Added water conditioner: Yes / No

Light Schedule	Feeding Schedule
ON _ _ _ _ _ _ _ _ AM|PM	☐ _ _ _ _ _ _ _ _ AM
OFF _ _ _ _ _ _ _ _ AM|PM	☐ _ _ _ _ _ _ _ _ PM

Dosing		Other Tests	
Supplement	Quantity		

Observation Notes:

Salt Water Tank Record

Date: _____ / _____ / _____

Temperature:	% Water change:
pH levels:	Ammonia levels:
Nitrite levels:	Nitrate levels:
Alkalinity levels:	Salinity levels:
Phosphate levels:	Added water conditioner: Yes / No

Light Schedule	Feeding Schedule
ON _ _ _ _ _ _ _ _ AM|PM	☐ _ _ _ _ _ _ _ _ AM
OFF _ _ _ _ _ _ _ _ AM|PM	☐ _ _ _ _ _ _ _ _ PM

Dosing		Other Tests	
Supplement	Quantity		

Observation Notes:

Salt Water Tank Record

Date: _____ / _____ / _____

Temperature:	% Water change:
pH levels:	Ammonia levels:
Nitrite levels:	Nitrate levels:
Alkalinity levels:	Salinity levels:
Phosphate levels:	Added water conditioner: Yes / No

Light Schedule	Feeding Schedule
ON _ _ _ _ _ _ _ _ AM|PM	☐ _ _ _ _ _ _ _ _ AM
OFF _ _ _ _ _ _ _ _ AM|PM	☐ _ _ _ _ _ _ _ _ PM

Dosing		Other Tests	
Supplement	Quantity		

Observation Notes:

Salt Water Tank Record

Date: _____ / _____ / _____

Temperature:	% Water change:
pH levels:	Ammonia levels:
Nitrite levels:	Nitrate levels:
Alkalinity levels:	Salinity levels:
Phosphate levels:	Added water conditioner: Yes / No

Light Schedule	Feeding Schedule
ON _ _ _ _ _ _ _ _ AM|PM	☐ _ _ _ _ _ _ _ _ AM
OFF _ _ _ _ _ _ _ _ AM|PM	☐ _ _ _ _ _ _ _ _ PM

Dosing		Other Tests
Supplement	Quantity	

Observation Notes:

Salt Water Tank Record

Date: _____ / _____ / _____

Temperature:	% Water change:
pH levels:	Ammonia levels:
Nitrite levels:	Nitrate levels:
Alkalinity levels:	Salinity levels:
Phosphate levels:	Added water conditioner: Yes / No

Light Schedule	Feeding Schedule
ON _ _ _ _ _ _ _ _ AM|PM	☐ _ _ _ _ _ _ _ _ AM
OFF _ _ _ _ _ _ _ _ AM|PM	☐ _ _ _ _ _ _ _ _ PM

Dosing		Other Tests	
Supplement	Quantity		

Observation Notes:

Salt Water Tank Record

Date: _____ / _____ / _____

Temperature:	% Water change:
pH levels:	Ammonia levels:
Nitrite levels:	Nitrate levels:
Alkalinity levels:	Salinity levels:
Phosphate levels:	Added water conditioner: Yes / No

Light Schedule	Feeding Schedule
ON _ _ _ _ _ _ _ _ AM|PM	☐ _ _ _ _ _ _ _ _ AM
OFF _ _ _ _ _ _ _ _ AM|PM	☐ _ _ _ _ _ _ _ _ PM

Dosing		Other Tests	
Supplement	Quantity		

Observation Notes:

Printed in Great Britain
by Amazon